Société libre
DES BEAUX-ARTS.

NOTICE

EXPLICATIVE

DES OUVRAGES

DE

PEINTURE, SCULPTURE, GRAVURE,

ARCHITECTURE, ETC.,

COMPOSANT

L'EXPOSITION

PUBLIQUE

DE

LA SOCIÉTÉ LIBRE DES BEAUX-ARTS,

OUVERTE LE 15 DÉCEMBRE 1831.

Rue Vivienne, n. 2.

—

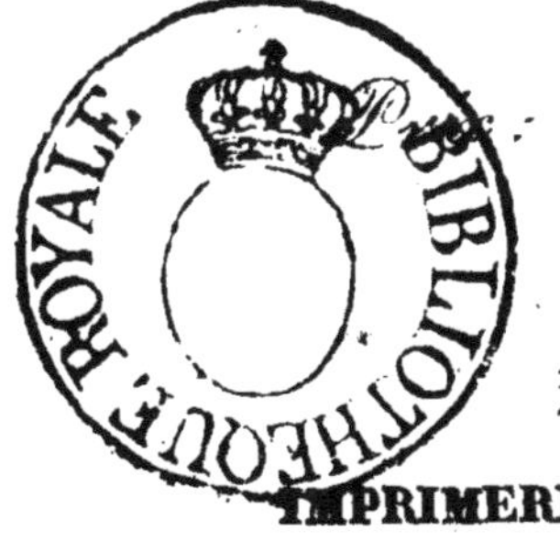

Prix : 50 centimes.

—

Paris.

IMPRIMERIE DE POUSSIN,

RUE DE LA TABLETTERIE, 9.

1831.

EXPOSITION

DE LA

SOCIÉTÉ LIBRE DES BEAUX-ARTS.

LISTE DES MEMBRES

COMPOSANT LA SOCIÉTÉ.

PEINTRES, DESSINATEURS, LITHOGRAPHES.

MM.

ABEL DE PUJOL, rue Albouy, n° 18.
ATOCHE, rue Godot-de-Mauroy, 20.
AUBRY, rue Neuve-des-Petits-Champs, 18.
AUBRY-LE-COMTE, rue des Fossés-Saint-Victor, 30.
AUVRAY, rue Childebert, 9.
BACUET, rue Saint-Georges, 28.
BEAUME, rue du Faubourg-Poissonnière, 28.
BELLANGÉ (Hyp.), rue de Furstemberg, 8 *ter*.
BERGERET, rue Sainte-Anne, 20.
BERTIN, rue Traînée, 17.
BIET, rue Grange-aux-Belles, 13.
BLONDEL, rue Albouy, 20.
BOHM, rue de Richelieu, 115.
BORDIER DUBIGNON, rue du Roi-de-Sicile, 28.
BOUTON, rue du Sentier, 21.
BUFFET, rue Michel-le-Comte, 18.
CAMINADE, rue des Grands-Augustins, 21.
CAPDEBOS, place de la Madelaine, 6.

CARPENTIER (Paul), rue de Lancry, 10.
CHAMPIN, rue Neuve-Saint-Roch, 30.
CHASSELAT, rue de l'Odéon, 38.
CHÉRY, Vieille-rue-du-Temple, 122.
CIBOT, rue Geoffroy-l'Angevin, 7.
COEURÉ, rue du Faubourg-Poissonnière, 41.
COLIN (A.), rue d'Enfer, 33.
COLSON, rue Monsieur-le-Prince, 20.
COUTAN, rue Godot-de-Mauroy, 1.
CRÉPIN, rue Chilpéric, 8.
DABOS, rue Meslay, 58.
DAGUERRE, rue des Marais-du-Temple, 5.
DAVID (Jules), rue du Faubourg-du-Temple, 44.
DEDREUX D'ORCY, rue Taitbout, 9.
DEJUINNE, rue des Grands-Augustins, 18.
DELAVAL, rue de Courcelles, 16.
DELAYE, rue du Faubourg-Saint-Denis, 56.
DELORME, rue des Filles-du-Calvaire, 21.
DEMAHIS, rue des Filles-du-Calvaire, 6.
DESAINS, rue Cassette, 8.
DESTOUCHES, rue de la Planche, 18.
DREUILLE, rue Montorgueil, 33.
DROLLING, rue de Sèvres, 31.
DUBOIS (François), rue Louis-le-Grand, 33.
DUBOIS-DRAHONNET, rue N.-S.-Georges, 4.
DUBOURJAL, rue Neuve-Saint-Augustin, 4.
DUPLAT, rue de la Harpe, 88.
DUVAL-LE-CAMUS, rue du Coq-St.-Honoré, 7.
FORESTIER (de), rue Meslay, 55.
FORT (Siméon), rue Neuve-Saint-Roch, n. 5.
FRADELLE, rue des Martyrs, 27.
FRANQUE, rue de Larochefoucauld, 8.
FREMY, quai des Grands-Augustins, 17.
GARNERAY fils, rue St.-Pierre-Montmartre, 15.
GORBITZ, rue de l'Université, 84.
GOSSE, rue de Lancry, 7.
GOYET (J.-B.), rue de l'Abbaye, 3.
GOYET (Eugène), rue de l'Abbaye, 3.
GRANGER, cour de la Sainte-Chapelle, 9.

GUÉRARD, rue Bourtibourg, 21.
HOARD, rue Saint-Lazare, 104.
JACOB, rue du Pot-de-Fer-Saint-Sulpice, 12.
JOLIVARD, boulevard Saint-Martin, 59.
JUSTIN, rue de Bondy, 46.
KINSON, rue de Richelieu, 115.
LABY, rue Saint-Anne, 18.
LAFONTAINE, rue de l'Abbaye, 10.
LAPITO, rue Chantereine, 44.
LAPRET, rue de Sèvres, 102.
LAURENTY, rue du Faubourg-du-Temple, 28.
LECERF, rue Ste-Croix-de-la-Bretonnerie, 44.
LÉGER, rue des Trois-Bornes, 11.
LEPAULLE (G.), rue Petites-Écuries, 38.
MAILLE-SAINT-PRIX, rue du Cherche-Midi, 9.
MAILLOT, rue Childebert, 1.
MALLEBRANCHE, rue Alboui, 7.
MARIN-LAVIGNE, rue de la Mégisserie, n. 4.
MARLET, rue de Seine, 1.
MAUZAISSE, rue Neuve-Saint-Georges, 12.
MILON, rue du Four-Saint-Germain, 35.
MONTAGNY, rue Saint-Severin, 10.
MONVOISIN, rue de l'Odéon, 31.
MOZIN, rue Hauteville, 39.
MULARD, aux Gobelins.
NOEL (A.), rue Ste-Hyacinthe-Saint-Michel, 2.
PARIS, rue de Crussol, 17.
PERIGNON, rue du Faubourg-Poissonnière, 14.
PERNOT, rue Saint-Honoré, 332.
PÉRON, rue de l'Abbaye, 3.
PONCE-CAMUS, rue Bretonvilliers, 3.
REDOUTÉ aîné, rue de Seine, 6.
ROUGET (Georges), rue de Richelieu, 38.
ROUILLARD, rue de l'Abbaye, 14.
SCHMITZ, rue Hauteville, 6.
SERRUR, rue de l'Abbaye, 11.
SIEURAC, rue de Seine, 56.
STEUBEN, rue Hautefeuille, 30.
STORELLI, rue Saint-Honoré, 387.

TABARIÈS, rue Amelot, 34.
THÉVENIN (C.-N.), rue Charlot, 45.
VAFFLARD, rue Croix-des-Petits-Champs, 35.
VANDERBURCH, rue Saint-Jacques, 161.
VAUCHELET, rue Charlot, n.
VINCHON, rue Bleue, 71.
WATSCHMUT, rue de l'Université, 113.
WEBER, rue du Faubourg-Saint-Denis, 174.

SCULPTEURS ET GRAVEURS EN MÉDAILLES.

MM.

BOUGRON, rue des Fossés-du-Temple, 14.
CHARDIGNY, rue Pierre-Levée, 19.
DESBOEUFS, rue de Larochefoucauld, 18.
DIEUDONNÉ, rue Plumet, 4.
DROZ, rue Notre-Dame-des-Champs, 35.
ELSOECHT, rue Mazarine, 47.
FESSARD, rue du Pot-de-Fer-Saint-Sulpice, 14.
GATTEAUX, rue de Lille, 35.
GAULLE, au dépôt des marbres du Gouvernement, rue Saint-Dominique, au Gros-Caillou.
GAYRARD, rue de la Harpe, 81.
GOIS, quai Conti, 23.
GUERSANT, rue des Marais-du-Temple, 14.
GUIONNET, rue de Lancry, 25.
LAITIÉ, rue de Vaugirard, 102.
MOLCHNEIHT, rue de Courty, 5.
MONTAGNY, rue des Juifs, 11.
PIGALLE, rue du Faubourg-Montmartre, 27.
SOYER, rue des Trois-Bornes, 28.
VALOIS, rue de l'Abbaye, 11.

ARCHITECTES.

MM.

BLANCHON, rue des Petites-Écuries, 21.
BOURGEOIS (J.), quai de la Cité, 23.

CALLIAT, rue des Bernardins, 32.
CALLET, rue de la Pépinière, 53.
COURTILLIER, passage Dauphine, 29.
COUSSIN, rue de Vendôme, 3.
DEDREUX, rue Labruyère, 5.
DESCHAMPS, rue Saint-Honoré, 372.
GARNAUD, rue du 29 Juillet, 5.
GOURLIER, rue de l'Odéon, 31.
GUENEPIN, rue Saint-Dominique, 46.
HEURTELOUP, rue Grenelle-Saint-Germain, 24.
HITTORF, rue Coquenard, 32.
HUVÉ, rue de Choiseul, 4 *bis*.
LACORNÉE, rue de Lille, 36.
LAURECISQUE, rue de Latour-d'Auvergne, 6.
LUSSON, rue des Saints-Pères, 13.
MALPIECE, rue Richepanse, 4.
PHILIPPON, rue Saint-Lazare, 24.
PIERRON, rue Saint-Honoré, 123.
QUANTINET, rue de Seine, 6 *bis*.
TAVERNIER, rue Monsigny, 6.
THIOLLET, place Saint-Thomas-d'Aquin.
TOUSSAINT, place Dauphine, 10.
TURENNE, rue Saint-Denis, 148.
VANCLEEMPUTTE (L.), passage Ste-Marie, 11.
VANCLÉEMPUTTE (H.), r. de Gren.-St-Germ. terrain Bellechasse.

GRAVEURS.

MM.

ALLAIS, rue Notre-Dame-des-Champs, 53.
BEIM, rue des Maçons-Sorbonne, 2.
BOYS (Thomas) Avenue de Neuilly, 23.
CAPLIN, à Vaugirard.
CARON (T.), rue des Francs-Bourgeois, place Saint-Michel, 15.
DELAISTRE, rue des Bernardins, 18.
DIEN, rue Saint-Michel, 15.
FORSTER, rue des Mathurins, 1.

GELÉE, rue Grange-aux-Belles, 11.
JAZET, rue de Lancry, 7.
LEMAISTRE, rue des Grands-Augustins, 22.
LEROUX, rue Saint-Victor, 9.
LESNIER, rue des Mathurins, 1.
MIGNERET, rue de Grenelle St-Germain, 39.
MULLER, rue de Tournon, 21.
NIQUET, rue de la Barillerie, 18.
NORMAND fils, rue des Noyers, 36.
OLLIVIER, rue de Seine, 53.
POMEL, rue du Temple, 45.
RANSONNETTE, rue du Figuier-Saint-Paul, 8.

COMPOSITEURS-MUSICIENS.

MM.

BEAUVARLET-CHARPENTIER, quai des Augustins, 55.
BIEN-AIMÉ, rue Mazarine, 3.
FONTAINE, rue de l'Arbre-Sec, 46.
GEBAUER, rue de la Chaussée-d'Antin, 23.
PANSERON, boulevart des Italiens, 11.
TOLBECQUE, rue de l'Arbre-Sec, 46.
ROGÉ, rue Neuve-Saint-Eustache, 18.
VIDAL, rue Grange-Batellière, 28.

ARCHÉOLOGUES, AMATEURS, HOMMES DE LETTRES.

MM.

AMOROS, *directeur du Gymnase-Normal*, rue Jean-Goujon, 6.
AULNETTE DU VAUTENET, r. de Nazareth, 1.
BARADÈRE, *antiquaire, homme de lettres*, rue de Savoie, 12.
BIDAUD, *amateurs, h. de lettres*, rue Cassette, 8.
BELLEVUE (le marquis de), quart. Bellechasse.
BRÈS, *homme de lettres*, rue de Vaugirard, 41.
CALMET, rue Montmartre, 76.
CORNAC, *Docteur-Médecin*, r. de l'Oratoire, 4.

CUVREAU, rue de la Chaussée-d'Antin, 45.
DEBEZ, rue St-Lazare, 50.
FARCY (CH.), *homme de lettres*, quai des Augustins, 55.
GAULT DE St-GERMAIN, *homme de lettres*, rue du Cimetière-Saint-André, 1.
GAVARD, *ingénieur*.
GERDY, *professeur d'anatomie appliquée aux Beaux-Arts*, à l'hôpital Saint-Louis.
GOSSUIN, *homme de lettres*, rue Honoré-Chevalier, 8.
GOUZY, rue des Fossés-St-Germain-des-Prés, 12.
GUYOT DE FÈRE, *homme de lettres*, rue Saintonge, 19.
HALMA-GRAND, *professeur d'anatomie appliquée aux Beaux-Arts*, rue des Beaux-Arts, 4.
LEFÈVRE, *docteur-Médecin*, *professeur d'anatomie*, rue de la Michaudière, 18.
LENOIR (Alexandre), *antiquaire*, *homme de lettres*, rue d'Enfer, 34.
LEROY (Jules), *homme de lettres*, rue des Fossés-du-Temple, 37 *bis*.
MIEL, *homme de lettres*, rue S.-Avoie, 57.
MONTABERT (de), *auteur du Traité complet de la Peinture*, rue de l'Arcade, 23.
ROBIN MASSÉ, rue des Prêtres-Saint-Germain-l'Auxerrois, 21.
SUE (Eugène), *homme de lett.*, r. Caumartin, 12.

CORRESPONDANS.

MM.

BEHAËGEL, *peintre*, à Lectoure.
BOISSELIER, *professeur à l'école royale de Saint-Cyr*, à Versailles.
ITAR, *architecte*, à Catane.
MALLAY, *architecte*, à Clermont-Ferrand.
NOUVIAIRE, *peintre*, à Stenay.
OGÉE père, *architecte*, à Nantes.

OGÉE fils, *architecte* à Nantes.
RAOUL DE CROY (le Vicomte), *homme de lettres*, à La Guerche.
SALMON, *peintre*, à Orléans.
WILD, *peintre*, à Épernay.

HONORAIRES.

Madame DABOS, peintre, rue Meslay, 58.
Madame de RUMILLY, *peintre*, rue Croix des Petits-Champs, 39.
Madame COUSSIN, *peintre*, rue St-Denis, 247.

SOCIÉTÉ LIBRE DES BEAUX ARTS.

EXTRAIT DES STATUTS ET DÉCISIONS.

Le but de cette Société est de concourir au progrès des Beaux-Arts et au bien-être des Artistes,

Par des Conférences sur les questions qui peuvent les intéresser et par la publication de Mémoires dont l'impression aurait été adoptée par la Société ;

Par l'examen des Inventions et procédés nouveaux relatifs aux Beaux-Arts ;

Par une correspondance avec les Sociétés savantes et les principaux Artistes et Amateurs français et étrangers ;

Par des Expositions publiques d'ouvrages de membres de la Société ;

En un mot, par tous les moyens que la Société déterminera.

La Société s'interdit tout travail étranger aux Beaux-Arts.

Elle est composée de membres résidant à Paris et de membres correspondans pris dans les départemens et l'étranger.

Le nombre des membres de ces deux classes est illimité.

Les dames Artistes peuvent être admises, comme membres honoraires.

La Société se divise en classe de *Peinture*, *Dessin* et *Lithographie*. — *Sculpture*. — *Architecture*. — *Gravure*. — *Musique*. — *Archéologie et Littérature appliquée aux Beaux-Arts*.

Nul ne peut être admis que sur une présentation régulière par deux membres de la Société, et sur une demande signée du candidat lui-même. L'assemblée prononce par un Bulletin secret, à la majorité absolue.

Les expositions annuelles de la Société sont publiques.

Chaque membre a le droit d'y placer ses ouvrages.

PEINTURE.

MM.

ABEL DE PUJOL, *rue Albouy, n.* 18.

1 — Esquisse du plafond du grand escalier du Musée-Royal. (*La renaissance des Arts.*)

2 — Esquisse de la *Vierge au tombeau*, tableau qui est à Notre-Dame.

3 — Portrait (*grisaille.*)

AUBRY, *rue Neuve-des-Petits-Champs, n.* 18.

4 Plusieurs *Miniatures.*

AULNETTE DU VAUTENET.

5 — Le sommeil de Psyché.

BACCUET, *rue saint-Georges, n.* 28.

6 — Vue prise en Grèce.

7 — Etude d'après nature.

BERTIN, *rue Trainée, n.* 17.

8 — Vue de la ville d'Orlerano, dans la Sabine, à 18 milles de Rome. (L'heure du jour est le matin.)

BLONDEL, *rue Albouy, n.* 20.

9 — Michel-Ange, devenu aveugle, dans un âge avancé, consulte encore le torse antique. (*Ce tableau appartient à l'auteur.*)

BOHM, *rue de Richelieu, n.* 115.

10 — Portraits.

BOISSELIER (A.), à Versailles.

11 — Eponine et Sabinus, paysage historique.

Le site représente une forêt marécageuse de la Gaule, effet du matin; sur la gauche, au premier plan, est un vieux tronc de chêne consacré à Esus, couvert en partie de trophées d'armes et d'enseignes romaines; au second plan est un monument druidique; l'instant est celui où quelques soldats de Vespasien découvrent la retraite des illustres proscrits; on les aperçoit au troisième plan cherchant, avec leurs enfans, un dernier refuge dans la caverne sacrée d'Andomatunum, qui leur servit de retraite.

12 — Vue du tombeau de Napoléon à Sainte-Hélène, avec un sujet allégorique; effet de soleil couchant.

Ce tableau a été fait il y a deux ans, d'après les croquis et les conseils de M. Marchand, qui était de la suite de l'empereur pendant sa captivité.

BORDIER, *rue du Roi de Sicile, n.* 28.

13 — Mort d'Hyppolite.

Hyppolite, mourant dans les bras de Théramène, jette un dernier regard sur Aricie.

14 — Vieillard, tête d'étude.

15 — Jeune femme, *idem.*

16 — Nègre, *idem.*

17 — Descente de croix, esquisse.

18 — Résurrection de Lazare, *idem.*

BOYS (THOMAS), *avenue de Neuilly, n. 33, Champs-Élysées.*

19 — Vue de l'Institut, à Paris.

20 — Vue de l'église Saint-Eustache, à Paris.

CAMINADE, *rue de Lille, n. 34.*

21 — Christ en croix.

Ce tableau est destinée à l'église de la ville de Mondragon, département de Vaucluse.

22 — Portrait de madame V***.

23 — Etude.

CAPDEBOS, *place de la Madeleine, n. 4.*

24 — Un blessé de juillet 1830.

Pendant que ce blessé, entouré de sa famille, reçoit les secours de la médecine, la Reine entre, suivie d'un domestique qui porte des oranges et des citrons. Elle dépose une bourse dans la main de la mère du blessé. (Historique.)

25 — Vert-vert, chez les Visitandines, faisant l'admiration des nonnes, avant son départ pour Nantes.

CAPLIN, *rue de Grenelle*, n. 5, à Vaugirard.

26 — Vue topographique du golfe de Naples.

CARPENTIER (Paul), *rue de Lancry*, *n*. 10.

27 — Stratagême de Vénus.

Vénus, après avoir endormi Ascagne, envoie, à sa place, l'amour à Carthage, pour enflammer Didon en faveur d'Enée.

. . . .
Et toi, pour cette nuit quittant tes traits divins,
Enfant ainsi que lui, prends ses traits enfantins;
Et lorsque, dans le feu d'une fête brillante,
Qu'échauffera du vin la vapeur enivrante,
Didon va t'imprimer des baisers pleins d'ardeur,
Mon fils, glisse en secret ton poison dans son cœur,

(Énéïde, liv. 1er).

(Ce tableau appartient à l'auteur.)

28 — Episode du 29 juillet 1830 *au matin*.

Des hommes du peuple vident les gibernes des soldats tombés sous leurs coups; il en sort de l'argent et en même temps des cartouches. Ces braves saisissent les cartouches et repoussent avec le pied les pièces d'argent jusque dans le ruisseau.

(Ce tableau appartient à l'auteur.)

29 — Intérieur d'un atelier de peinture.

30 — Convoi du général Foy *(esquisse)*.

Des citoyens déposent des lauriers sur le cercueil, à son passage sur le boulevart du Temple.

31 — Descente de diligence.

32 — Portraits du père et de la mère de l'auteur.

33 — Portrait d'enfant.

CHAMPIN, *rue Neuve-St.-Roch*, *n.* 30.

34 — Vue d'une partie des côtes de la Provence, prise des hauteurs qui dominent la ville de Nice (*aquarelle*).

Une jeune voyageuse, excédée de fatigue, est secourue près d'une fontaine antique par des blanchisseuses et un jeune pâtre. (*Figures de M. Thomas.*)

(Médaille de 1re classe au Salon de 1831.)

35 — Le lendemain des combats du 29 juillet, le boulevart des Capucins, en face de la rue de la Paix (*aquarelle*).

CHÉRY, *Vieille rue du Temple*, *n.* 122.

36 — Portrait de M. Le Tettier, commandant de marine, à bord de *l'Agamemnon*, combat du 5 novembre 1813, seul contre une division de cinq vaisseaux anglais.

M. Le Tettier, depuis nommé préfet maritime des deux mers, a péri, devant Alexandrie, en Egypte, dans une manœuvre faite durant un gros temps.

CIBOT, *rue Geoffroy l'Angevin*, *n.* 7.

37 — Portrait de madame C***.

38 — Deux études de femme.

COLSON, *rue de Monsieur le Prince, n.* 20.

39 — La Venue du Messie et le génie du mal précipité dans l'abîme.

Evangile de Saint-Matthieu. « Alors le fils de l'homme paraîtra dans le ciel, et tous les peuples de la terre seront dans les pleurs et dans les gémissemens, ils verront le fils de l'homme qui viendra sur les nuées du ciel avec une grande puissance et une grande majesté, et il enverra ses anges qui feront entendre la voix éclatante de leurs trompettes et qui rassembleront ses élus des quatre coins du monde.

COUSSIN (J. A.), architecte, ancien pensionnaire de l'académie de France à Rome, *rue de Vendôme, n.* 3.

Six dessins-aquarelles, faits d'après nature, lors du séjour de l'auteur à Rome. — *Savoir :*

40 — Le Colysée.

41 — Le Campo Vaccino, ou les restes de l'ancienne voie sacrée et du Forum.

42 — La Basilique et la place St.-Pierre.

43 — Le Cazin du Pape, dans les jardins du Vatican.

44 — L'intérieur du cloître de San Petro in Vincoli.

45 — Vue prise dans la grande allée des jardins Corsini Strada Longara.

46 — Monument élevé à la famille Daru, dans le cimetière du nord (Montmartre.)

47 — Deux cadres réunissant les 60 planches de l'ouvrage suivant :

Du Génie de l'Architecture, — comprenant en substance tout ce qui a trait à l'art, considéré depuis la simple pierre homogène votive jusqu'aux édifices des temps présens, et d'où ressort une théorie sur le but et le mécanisme de l'art, sur l'invention et la science en général. 1 volume grand in-4°.

Mme. COUSSIN, née L. BALZAC, *rue du Temple, n.* 89.

48 — Portrait de M. C***., architecte, dans son cabinet.

49 — Petit portrait en pied, de Mme. C***.

DABOS, *rue Meslay, n.* 58.

50 — Une jeune fille lisant à son grand-père, aveugle, le journal de Paris du 8 août 1830, qui annonce que Louis-Philippe est Roi des Français.

51 — Portrait de Mirabeau, peint d'après nature en 1790.

L'artiste, ayant donné la dernière séance, Mirabeau l'invita à un dîner où quinze membres de l'Assemblée constituante étaient réunis. Un courrier apporte trois dépêches très pressées, qui exigeaient aussitôt des réponses. Mirabeau fit appeler son secrétaire; et ce sublime orateur, sans cesser de prendre part au repos et aux conversations des convives, dicta les trois lettres. Le calme s'étant rétabli pour en entendre la lecture, les convives applaudirent les phrases brillantes et les discussions lumineuses des trois épîtres improvisées.

52 — Une sœur de sainte Camille, pensionnaire du gouvernement, se vouant à la mort, au moment de franchir le cordon sanitaire, pour secourir les pestiférés en Espagne, l'an 1822.

53 — Une femme paralytique, n'ayant pour seul ami que son chien.

54 — Une suissesse du canton de Berne, marchande de curiosités, regarde un tableau, à travers un verre concave.

55 — Intérieur d'une cuisine.

56 — Un Grec rêvant aux moyens de rendre la liberté à sa patrie.

57 — Un antiquaire observe sur un globe terrestre les lieux où se trouvent diverses antiquités.

58 — Episode historique de la révolution de juillet.

Les Suisses ayant été chassés de la place de l'Hôtel-de-Ville, le 28 Juillet 1830, deux jeunes époux, mariés depuis huit jours, sont trouvés parmi les cadavres, se tenant encore par la main. (Hist.)

59 — La fuite en Egypte.

La Vierge, et l'enfant Jésus, assis sur un âne, qu'un ange conduit. Saint-Joseph, et la cour céleste accompagnent cette sainte famille.

60 — La glaneuse, effet de soleil.

61 — Portrait du cardinal du Belloy.

— Une marchande de poissons.

Mme DABOS, *rue Meslay, n.* 58.

63 — La sortie du bal masqué.

64 — Tête d'étude, d'après une jeune anglaise.

65 — Etude de jeune personne tenant une lorgnette.

DAGUERRE, *rue des Marais-du-Temple, n.* 5.

66 — Une esquisse.

DEJUINNE, *rue des Grands-Augustins, n.* 18.

67 — Couvent de Saint-Onophrio, à Rome.

68 — Vue prise à Naples.

DELAVAL (P. L.), *rue de Courcelles, n.* 16, *faubourg du Roule.*

69 — Janissaire, étude.

70 — Figure de Rome, étude.

71 — Femme de l'île de Chio, étude.

72 — Portrait de M. le maréchal duc de Dalmatie.

73 — Portrait de M. le maréchal duc de Trévise.

DEMAHIS, *rue des Filles-du-Calvaire, n.* 6.

74 — Millevoye écrivant sa Chute des feuilles.

Tombe, tombe, feuille éphémère,
Voile aux yeux ce triste chemin,
Cache au désespoir de ma mère
La place où je serai demain.

75 — Young, écrivant ses Nuits.

76. — L'Attention, tête d'étude.

M. DESAINS, *rue Cassette, n.* 8.

77 — Un jeune Écossais, tête d'étude.

78 — Une jeune fille endormie, *idem.*

79 — La loterie.

DREUILLE, *rue Montorgueil, n.* 33.

80 — Louis XII, élu père du peuple aux Etats-généraux de 1506.

Le moment choisi par l'artiste, est celui où Thomas Bricot, député des Etats, dit au roi : « Daignez, sire, « accepter le titre de père du peuple, que vos sujets vous « déferent aujourd'hui par ma voix. »

81 — Le vieux séducteur.

82 — Les Parques scandinaves.

Le présent se repose sur le passé, pour répandre des fleurs sur l'avenir.

83 — La toilette de Mme Dubarri.

84 — Les trois âges.

DROLLING, *rue de Sèvres, n.* 31.

85 — Portrait de M. R***.

L. DUPLAT, *rue de la Harpe*, n. 88.

86 — Bateaux au carénage, dans une île des environs de Nantes.

87 — Habitations de pêcheurs aux environs de Nantes.

88 — Vue de Montmorency, prise de la Sablonnière.

DUVAL-LE-CAMUS, *rue du Coq-Saint-Honoré, n.* 7.

88 bis. Scène de village.

FORT (SIMÉON), *rue Neuve-St.-Roch, n.* 5.

89 — Vue de Paris, prise de l'île Louviers (aquarelle).

90 — Une étude (à la sépia).

91 — Les petits bergers (aquarelle).

FRADELLE, *rue des Martyrs, n.* 27.

92 — La reine Elisabeth et lady Paget.

« Elle se rendit au pavillon, le jeune homme en était encore à quelque distance, comme l'oiseleur qui veille sur le filet qu'il a tendu; la Reine s'approcha de la fenêtre, sur une vitre de laquelle Roleigh s'était servi du présent qu'il avait reçu d'elle pour écrire le vers suivant :

« Je voudrais bien monter, mais la chute est à craindre.

Après l'avoir fait remarquer à lady Paget, elle y ajouta celui-ci :

« Si tu crains, reste à terre, et cesse de te plaindre.

(Château de Kenilworth.)

93 — Portrait de la fille de l'auteur.

FRANQUE, *rue de Larochefoucauld*, *n.* 8.

94 —Effet d'orage.—Une jeune bergère fuit avec son troupeau.

95 — Une jeune fille se mirant dans l'onde.

FREMY, *quai des Augustius*, *n.* 17.

96 — Le chien Médor au tombeau du Louvre.

GAULT DE ST. GERMAIN, *rue du Cimetière St.-André des Arcs*, *n.* 1.

97 —Des pêcheurs sur les bords de la Sorgue aux environs de Vaucluse.

98 — Une Orgie dans une des galeries du sérail.

99 — Portrait de l'auteur, peint par lui-même.

GORBITZ, *rue de l'Université*, *n.* 84.

100 —Portrait de M. J. Comartin, demi-figure.

101 — Portrait de M. G. mélange d'aquarelle et crayon

102 — Portrait de Mlle de L***, miniature.

103 — Petite scène de fantaisie.

104 — Deux rues de Norwège (aquarelle).

105 — Vue prise à Aulnay.

106 — Vue des ruines du château de Tanquerville sur les bords de la Seine, en Normandie.

GOSSE, *rue de Lancry, n.* 7.

107 — Etude de tête de fou.

GOYET (J. B.), *rue de l'Abbaye, n.* 3.

108 — Marie-Louise d'Orléans, reine d'Espagne, et Luc Giordano.

La reine se plaisait à voir peindre Luc Giordano; un jour, cette princesse lui manifeste le désir de connaître sa femme; l'artiste en fit à l'instant le portrait dans le tableau qu'il avait devant lui, sans en prévenir la reine qui, aussi surprise qu'enchantée, détacha son collier de perles et le lui donna pour so épouse.

109 — La reine Christine de Suède et le Guerchin.

Cette illustre princesse, qui avait autant d'amour que de vénération pour les grands talens, visitant le Guerchin, lui dit : « Je veux toucher une main qui opère des mer- « veilles. »

110 — Les Regrets.

Un enfant reconnaît le portrait de sa mère, qui n'existe plus, et le montre à son père, que ce souvenir a jeté dans une profonde douleur.

111 — La Sieste.

GOYET (Eugène), *rue de l'Abbaye, n.* 3.

112 — Cimabué, ou la renaissance de la peinture.

Pendant les invasions et les guerres civiles, qui désolèrent l'Italie, les arts étaient tombés dans une décadence totale, lorsqu'au milieu du treizième siècle, la république de Florence vit naître dans son sein Giovani Cimabué. Plusieurs tableaux, remarquables pour l'époque, lui acquirent une grande renommée; mais, ce qui mit le comble à sa gloire, ce fut une Madone, que l'on possède encore à Florence, destinée à l'église Santa-Maria-Novella. Ce tableau parut si beau dans le temps, que les magistrats allèrent en grande pompe chez Cimabué, et firent transporter cette Madone, au son des fanfares et aux acclamations de toute la population, qui lui servit de cortége. Ce fut un véritable triomphe, et de cette époque data la reconnaissance de la peinture en Italie.

113 — Une étude.

114 — L'attente.

115 — Un ermite.

GRANGER, *cour de la Sainte-Chapelle,* n. 9.

116 — Mélantho, nymphe des mers.

Neptune, amoureux d'elle, prit la forme d'un dauphin, la porta quelque temps et l'enleva.

117 — Portrait du docteur T.

118 — Plusieurs portraits même numéro.

GUERARD, *rue Bourtibourg*, *n.* 21, au Marais.

119 — Étude d'après nature, faite à Mortefontaine (dép. de l'Oise).

120 — Vue d'un intérieur de ferme à Plailly près de Mortefontaine. (*Etude d'après nature.*)

121 — Les derniers rayons du soleil.

HOARD, *rue Mouffetard*, *n.* 66.

122 — Madelaine repentante.

123 — Vue de Hollande:

JUSTIN OUVRIÉ, *rue de Bondy*, *n.* 64.

124 — Vue de l'église de St.-Prix, près Montmorency.

125 — Vue des clochers de St.-Jean des Vignes à Soissons.

126—Entrée de Sallenches en Savoie (*aquarelle*).

127 — Vue de la place de Nantua (*aquarelle*).

128 — Entrée de Thiésac en Auvergne (*aquar.*).

129 —Vue prise dans la vallée de Montmorency.

KINSON, *rue de Richelieu*, *n.* 115.

130 — Tête d'étude.

131 — Portrait de Mme. G***.

132 — Portrait de Mme J***. et de son fils.

LABY, *rue St. Anne*, *n.* 18.

133 — Portrait de M. S***.

134 — Tête d'étude de femme.

LAPITO, *rue Chantereine*, *n.* 44.

135 — Vue de Fribourg (Suisse).

LAPRET, *rue de Sèvres*, *n.* 102.

135 bis. Angélique prend la fuite, pendant que Renaud et Ferragus se disputent sa possession par les armes (aquarelle).

136. Paysage (aquarelle).

LAURENTI, *faub. du Temple*, *n.* 28.

136 bis. — Des canards à la rivière (*aquarelle*).

137 — Moulin près de Beaumont (ne sera exposé qu'au premier janvier).

138 — Extérieur de ferme (idem).

LECERF, *rue Ste. Croix de la Bretonnerie*, *n.* 44.

139 — Portrait de M. Urbain Massard.

140 — Vue prise dans l'intérieur de la carhédrale de Chartres.

141 — Vue de la chapelle du sépulcre de l'église de Caudebec.

MAILLOT (N. S.), *rue Childebert*, *n.* 1.

142 — Religieuses de Port-Royal, en prière.

143 — Intérieur d'une caverne.

Après une expédition nocturne, des brigands s'étourdissent dans une orgie.

144 — Intérieur d'un ménage, jeune fiancée.

145 — Porte de ville.

146 — Promenade de Gayant.

De temps immémorial, un guerrier du nom de Gayant a sauvé par son courage la ville de Douai ; en commémoration de ses hauts faits, une fête a été instituée, pendant laquelle on promène son effigie et celle de toute sa famille. Il est probable que, dans les premiers temps, ces héros étaient représentés de grandeur naturelle ; mais chaque année a vu ajouter quelque chose à leur taille : aujourd'hui ils ont de douze à quinze coudées de haut. On a aussi ajouté le char de la Fortune, où une douzaine de mannequins dansent en rond et montent successivement à la Fortune, qui leur verse ses faveurs à pleines mains ; arrivés au sommet des grandeurs, ils font la culbute. Tous ces mannequins représentent des courtisans, des magistrats, des militaires, des prostituées, etc.

MALBRANCHE, *rue Albouy*, *n.* 7.

147 — Vue du petit Andelys et du cours de la Seine prise des hauteurs du château Gaillard, après midi.

148 — Route de Picardie ; brouillard d'automne.

149 — Effet de neige et de givre.

149 bis. — Canal avec patineurs ; soleil couchant.

150 — Cour de Noisy-le-Sec, aux environs de Paris.

MAUZAISE, *rue Neuve-Saint-Georges, n.* 10.

151 — Un Arabe pleurant son cheval mort.

MILON, *rue du Four-Saint-Germain, n.* 35.

1 — Vue prise sur la rivière des Gobelins, étude d'après nature.

152 — Vue prise en aval du chenal de Quimper-Corentin, étude d'après nature.

153 — Vue prise au bord de la mer, à *Saint-Malo*, étude d'après nature.

(Ces 3 tableaux appartiennent à l'auteur).

MONTABERT (P*** DE), *rue de l'Arcade, n.* 23.

154 — Geneviève de Brabant.

155 — Plusieurs portraits.

MONTAGNY, *rue Saint-Severin, n.* 10.

156 — Adonis et Vénus.

La déesse est assise près d'une source ; des colombes, un cygne désignent la déesse de Cythère ; les Amours forment son cortége, et chacun a son emploi : l'un parfume l'air, d'autres désarment Adonis, et semblent prévoir que la chasse un jour lui sera funeste. Un Amour, que la curiosité enfantine porte à examiner le gibier, est effrayé à la vue du sang.

Ce tableau est à l'auteur.

157 — Portrait de M. L. M. R.

MOZIN, *rue Hauteville, n.* 39.

158 — Un vaisseau prenant un pilote par un gros temps.

(Appartenant à M. le docteur Goupil.)

159 — Une plage (appartenant à M. Albouy).

160 — Une plage, effet du soir (Côtes de Normandie).

161 — Une houillère près de Mons, étude faite d'après nature.

NOEL (Alexis), *rue Saint-Hyacinthe-Saint-Michel, n.* 2.

161 — Vue prise dans les Vosges (*aquarelle*).

NOUVIAIRE, *passage du Pont-Neuf.*

162 — Portrait de M. E. Leclerc.

163 — *idem.* de M. Goholin.

164 — *idem.* de l'auteur.

165 — *idem.* de Mme de L....

166 — Deux baigneuses.

PARIS, *rue de Crussol, n.* 17.

167 — Animaux au pâturage; effet de soleil couchant.

168 — Moutons allemands au pâturage.

169 — Plusieurs moutons se désaltérant.

170 — Un paysage.

171. — Paysage, sujet pastoral.

PERIGNON (A. N.), *rue Bergère, n. 7, bis.*

172 — Les deux cardinaux Aldobrandin recevant le Tasse à un mille de Rome.

Après vingt années de persécution et d'un désespoir qui jetèrent le Tasse dans des maladies violentes et lui ôtèrent quelquefois l'usage de la raison, l'envie se lassa de l'opprimer; il fut appelé à Rome par le pape Clément VII, qui, dans une congrégation de cardinaux, avait résolu de lui donner la couronne de laurier et les honneurs du triomphe. Le Tasse fut reçu à un mille de Rome par les deux cardinaux Aldobrandin, neveux du pape, et par un nombre de prélats et de personnes de toutes conditions. « Il est trop tard, dit-il, il n'y a plus d'huile dans la lampe. » Et en effet, il retomba malade dans le temps des préparatifs que l'on faisait au Capitole, et mourut la veille du jour destiné à la cérémonie.

173 — Marie-Stuart se sauvant d'Écosse, pour se réfugier en France.

Cette princesse infortunée, après s'être échappée de prison et avoir levé une armée, est encore vaincue. Un envoyé de la cour de France devait la conduire dans ce pays sur un bâtiment qui l'attendait en mer. Poursuivie de près par les ennemis, elle est défendue avec le plus grand courage par quelques-uns de ses partisans; elle n'a que le temps de se jeter dans une barque de pêcheur, et reçoit les derniers adieux de ses serviteurs les plus dévoués. Une tempête obligea le bâtiment qui la portait à relâcher dans un port d'Angleterre, où elle fut faite de nouveau prisonnière, et, par suite, décapitée.

174 — Élisabeth et Leycester.

A la suite d'une partie de chasse, Leycester, reconduisant Elisabeth dans le château de Kenilworth, aperçoit Aimée Robsart. La reine, surprise de la distraction que lui occasione cette vue, regarde son favori avec une attention inquiète.

PÉRON (Alexandre), *rue de l'Abbaye*, *n.* 30.

175 — Massacre des innocens.

176 — Ariane endormie.

177 — Tête d'étude.

178 — Saint-Pierre (Exécuté pour un département). — Petite esquisse.

179 — Sisyphe faisant un dernier effort pour soutenir le rocher qu'il est condamné à porter continuellement sur le sommet d'une montagne. (Esquisse.)

179 bis. — Suzanne au bain.

PETIT, *rue de Seine*, *n.* 16.

180 — Vue du phare d'Honfleur, par un gros temps.

Des artistes s'étant laissé surprendre par la mer, sont sauvés par une barque que le hasard conduit à leur secours.

181 — Vue du télégraphe de Montmartre. — Noce de village.

PIERRON, *rue Saint-Honoré*, *n.* 123.

182 — Un paysage à l'aquarelle. (Composition.)

PONCE-CAMUS (N.), *rue de Bretonvilliers*, *n.* 3, *île Saint-Louis.*

183 — Portrait de M. le docteur Marc, médecin du Roi.

RANSONNETTE, *rue du Figuier-Saint-Paul*, *n.* 8.

184 — Vue perspective de la façade d'un ancien hôtel, *rue Saint-Paul*, *n.* 29, à Paris (aquarelle).

185 — Vue prise à Beaumont (*Seine et Marne*). (Aquarelle.)

186 — Vue des bords du Rhône près Avignon. (*Vaucluse.*) (Aquarelle.)

ROUGET, *rue de Richelieu*, *n.* 38.

187 — Le mariage de Napoléon avec Joséphine.

188 — Tête d'étude.

ROUILLARD, *rue de l'Abbaye*, *n.* 14.

189 — Portraits.

Mme RUMILLY, *rue Croix-des-Petits-Champs, n.* 39.

190 — Brunehant errante.

Cette reine, chassée de ses états, est abandonnée par ses guides au déclin du jour. Seule, assise auprès d'une rivière, elle s'abandonne aux tristes réflexions que sa situation lui inspire. Un pâtre, qui revient des champs, s'arrête devant elle.

(*Gaule poétique de Marchangy.*)

191 — Portraits d'enfans.

192 — Portrait d'un jeune homme.

SCHMITZ, *rue Hauteville, n.* 6.

193 — Turenne, juge d'une contestation entre des joueurs de boule.

Ceux-ci se querellaient au sujet d'un coup douteux; Turenne, sans être connu d'eux, s'avança et jugea le coup. Celui qu'il avait condamné se fâcha et se permit des injures; le héros allait complaisamment recommencer son examen, lorsqu'il fut abordé par des officiers qui trahirent son incognito.

194 — Une laitière préparant son lait.

195 — La bonne du hussard.

STOULLI, *rue Saint-Honoré, n.* 387.

196 — Vue prise dans la forêt de Gabas (*Basses-Pyrénées*).

197 — Un cadre contenant 4 études d'après nature.

1 — Rivalta, ancien château en Piémont,

bâti par la famille Orsini dans le neuvième siècle, dévasté par l'empereur Frédéric-Barberousse en 1175, rebâti par les Orsini en 1200, brûlé et ravagé en 1693 par le maréchal Catinat à la bataille de Marsaglia, qui a eu lieu sous les murs du château.

2. — Vue prise près Albenga (*Rivière de Gênes*).

3 — La cascade du pas de l'Ours (*Hautes-Pyrénées*).

4 — Étude à Louveciennes.

THÉVENIN, *rue Charlot, n.* 45.

198 — Portrait de M. G. D. F., homme de lettres.

199 — Portrait de M. C**, professeur.

200 — Etude de vieillard lisant la Bible.

201 — Portrait de femme, étude faite à la lampe.

VAFFLARD, *rue Croix-des-Petits-Champs, n.* 35.

202 — La cruche cassée, idylle.

203 — Mari, le bonheur.

204 — Marie, le malheur.

205 — Molière trouvant le mot *Tartufe*.

Molière assistait à une collation donnée par le cardinal-légat; le maître d'hôtel entraîne un jeune paysan apportant une bourriche de truffes, en criant : *Tartuffoli! tartuffoli, monsignor.*

206 — Homère demandant l'aumône à un Therme de Mercure.

207 — La Réflexion, étude.

208 — Les derniers jours d'un artiste.

209 — La prière du matin, étude.

210 — L'Amour de la politique.

211 — Portraits sous le même numéro.

VANDER-BURCH (JACQUES-HYPPOLITE), *rue Saint-Jacques*, *n.* 161.

211 Etude d'après nature à Pont-en-Royans (*Dauphiné*).

212 — Vue d'une jettée sur le port de Honfleur (Esquisse).

213 — Souvenirs des Pyrénées.

214 — Vue prise à Sceaux les Chartreux.

VAUCHELET, *rue Charlot*, *n.* 19.

215 — Portrait de Mlle L. V***.

216 — Portrait de M***.

WACHSMUTT, *quai Malaquais*, *n.* 3.

217 — Portrait de M. P.

218 — Un tableau, étude faite aux environs d'Alger sur la route de Belida.

219 — Un cadre d'études faites lors de l'expédition d'Afrique.

N° 1. Partie de la place d'Achmet, Pacha à Alger.

2. Un corps-de-garde turc de Torre-Chica.

3. Un tombeau des Sept deys.

4. L'intérieur du vestibule d'une caserne turque à Alger.

5. Vue de la côte de l'île Mayorque, prise de l'embouchure de la rade de Palma.

6. L'intérieur de la cuisine du couvent des cordeliers à Palma.

220 — Un autre cadre d'études.

N° 7. Etude prise sur la route de Belida, près la maison de campagne du dey, à une lieue d'Ager.

8. Etude du camp turc à Staoly.

9. Scène sur le port de Palma.

221 — Un autre cadre d'études.

N° 10. La Torre-Chica.

11. Un café turc.

12. Un Bédouin se désaltérant à une fontaine près d'Alger.

13. Un marchand de café, juif.

14. Vue des environs de la baie de Sidy-Ferruch.

15. Un effet de brouillard en pleine mer.

222 — Deux aquarelles, sujet d'Alger.

WYLD (William), *rue de Condé, n.* 12.

223 — Un cadre renfermant deux paysages et deux vues prises à Honfleur (*aquarelles*).

SCULPTURE

ET GRAVURE EN MEDAILLE.

L. V. BOUGRON, *rue du Faubourg-St.-Denis, n.* 123.

224 — Buste en plâtre de Ch. Dupaty, maître de l'auteur.

225 — Buste en plâtre du duc de Larochefoucault-Liancourt.

226 — Bacchante en marbre.

227 — Onphale en Hercule, bronze.

228 — Deux esquises de Napoléon, en plâtre, (une seule a été mise au concours pour la statue de la colonne).

229 — Nymphe blessée, petit bronze.

ELSCHOECHT (Charles), *rue Mazarine, n.* 47.

230 — Buste, en marbre, de M. Grawez, architecte.

231 — Buste, en bronze, de M. le marquis Alfieri Sostenio, grand chambellan du roi de Sardaigne.

232 — Buste, en bronze, du général R***.

233 — Zéphire et Flore, groupe en plâtre.

234 — Cadre de médailles, portraits des contemporains.

235 — Buste de Melle. Léontine Fay.

FESSARD, *rue du Pot de Fer St.-Sulpice, n.* 14.

236 — Buste, en plâtre, de M. le docteur ***.

GATTEAUX (E.) *rue de Lille, n.* 35.

237 — Une baigneuse, bas-relief en marbre.

238 — Cadre d'empreintes de médailles.

GAYRARD, *rue de la Harpe, n.* 81.

239 — Modèle, en plâtre, d'une Diane surprise au bain.

Le moment est celui où la déesse, indignée de l'indiscrète témérité d'Actéon, essaie de se dérober à ses regards en jetant sur elle un de ses vêtemens.

240 — Un cadre renfermant plusieurs portraits en médaillons.

241 — Le buste, en marbre, du Roi.

GUERSANT, *rue des Marais du Temple, n.* 14.

242 — Périclès dans l'atelier de Phidias, félici-

tant cet artiste à la vue du modèle du Jupiter Olympien.

Modèle d'un bas-relief exécuté pour la manufacture royale de porcelaine de Sèvres, et destiné à ceindre le pourtour d'un vase, dont les dessins sont composés par M. Fragonard.

GUIONNET (Alexandre), *rue de Lancry, n.* 25.

243 — Le petit mendiant.

244 — Un oiseau de proie saisissant un lézard.

245 — Corbeille de fleurs.

Ces objets sont en bois, et ne seront placés que dans le courant de l'exposition.

LAITIÉ, *rue de Vaugirard, n.* 102.

246 — Homère, petite statue en bronze.

MOLCHNEIHT, *rue de Courty, n.* 5.

247 — Buste de M. Aulnette du Vautenet.

MONTAGNY, *rue des Juifs, n.* 11.

248 — Un cadre contenant différentes compositions modelées pour médailles.

249 — Pièces de concours des monnaies de France de 1831.

250 — Grande médaille, portrait du Roi avec le revers.

251 — Jetons et médailles.

PIGALLE, *faubourg Montmartre, n.* 17.

252 — Un buste du Roi, fait dans les séances particulières données par Sa Majesté.

253 — Molière et Corneille, petites statues en bronze, faisant partie de la collection en bronze des *Grands hommes de France.*

SOYER, *rue des Trois Bornes, n.* 28.

254 — Tête du grand Jupiter Olympien restaurée.

Le plâtre, d'après l'antique, exposé à côté du bronze, avec l'énonciation des restaurations de différentes époques, met à même de juger de la difficulté qu'il y a eu à ramener cette tête à l'état primitif.

255 — Deux candelabres grecs, d'après ceux de Pompéia (7 pieds).

256 — Paul et Virginie, d'après Girodet, petit bronze.

257 — Esquise de Canova, représentant Hercule lançant Lycas à la mer (18 pouces).

VALOIS (Achille Joseph Etienne), *rue de l'Abbaye, n.* 11.

258 — Un groupe d'enfans (portraits).

GRAVURE.

ALLAIS (Jean-Alexandre,) *rue Notre-Dame-Des-Champs, n.* 53.

259 — Phrosine et Mélidore, d'après M. Rioult.

> Mais sa Phrosine était évanouie ;
> Trop de frayeur, de fatigue et d'efforts,
> Avaient, hélas ! épuisé ses ressorts,
> Quand son amant, par cent baisers de flamme, etc.
> (*Phrosine*, par Gentil-Bernard.)

La planche appartient à l'auteur.

260 — Le fleuve Scamandre, d'après M. Lancrenon.

261 — La peinture, d'après M. Ducis.

262 — La sculpture, idem.

Ces trois dernières planches font partie de la collection de la *Galerie du Luxembourg*.

CAPLIN (graveur en topographie), *rue de Grenelle, n.* 5, *à Vaugirard.*

263 — Carte de l'île de Vanikoro.

264 — Carte de l'île Candie.

CARON (Toussaint), *rue des Francs-Bourgeois-Saint-Michel*, *n.* 18.

265 — Le lévite d'Ephraïm, d'après le tableau d'Auguste Couder.

266 — La famille indigente, d'après feu Prud'hon.

DELAISTRE, *rue des Bernardins*, *n.* 18.

267 — Métabus, roi des Volsques, vouant sa fille à Diane avant de la lancer à l'autre rive, d'après M. Cogniet.

268 — Hercule combattant le fleuve Achéloüs, transformé en serpent, d'après M. Bosio.

269 — Portrait de Picard, d'après M. Devéria.

DIEN, *quai Saint-Michel, n.* 15.

270 — Bataille d'Austerlitz, d'après M. F. Gérard (appartenant au général Rapp).

271 — Martyre de sainte Cécile, d'après Jules Romain. Le tableau est placé au couvent de Sainte-Cécile, à Rome.

272 — Portrait de M. B. Vignon, architecte de l'église royale de la Madeleine, dessiné d'après nature par l'auteur.

273 — Offrande à Esculape, d'après M. P. Guérin, pour la collection de la *Galerie du Luxembourg*.

DORMIER, graveur d'architecture, *rue de la Harpe*, *n.* 127.

274 — Un cadre contenant les vue pittoresque,

plan, coupe et détail de peinture d'une église grecque du moyen âge. (Pour l'expédition scientifique de la Morée, ordonnée par le gouvernement.)

Des vases grecs. Culs-de-lampe.

FREMY, *quai des Augustins, n.* 17.

275 — Deux cadres renfermant des dessins pour le recueil des *prodnctions remarquables et inédites de la sculpture française du* 19e *siècle*, ouvrage proposé en souscription (voir le spécimen).

GELÉE, *rue Grange aux Belles, n.* 4.

276 — Daphnis et Chloé, d'après M. Hersent.

277 — La marée d'Equinoxe, d'après M. C. Roquelan (pour la Société des amis des arts).

278 — Six têtes, pour *la Vie des hommes illustres* de Plutarque; édition publiée par M. Duboyle.

JAZET, *rue de Lancry, n.* 7.

279 — Etudes de chevaux, d'après Carle et Horace Vernet.

280 — Courses de chevaux à Rome.

281 — Mazeppa, d'après M. H. Vernet.

LEMAITRE, *rue des Grands-Augustins, n.* 22.

282 — Mort de Roland, d'après Michellan.

283 — Six planches pour l'ouvrage sur l'expédition de Morée, partie dirigée par M. Blouet.

LEROUX, *rue St.-Victor, n.* 9.

284 — Sainte-Thérèse, d'après le tableau de M. le baron Gérard.

285 — Un cadre renfermant les planches de l'ouvrage intitulé; *La statue et les bas-reliefs du monument élevé à la mémoire du général Foy.*

MIGNERET, *rue de Grenelle-St.-Germain, n.* 39.

286 — Pierre-le-Grand sur le lac Ladoga. d'après M. Steuben.

287 — Molière mourant, d'après M. Vafflard. Le dessin, fait par M. Migneret, et d'après lequel il a exécuté la gravure, est exposé sous le même numéro.

288 — Molière consultant la vieille Laforêt, sa servante, d'après M. Horace Vernet.

MULLER (H. Ch.) *rue de Tournon, n.* 21

289 — Le petit Saint-Jean, d'après le tableau original de Luini.

Cette gravure se trouve chez l'auteur.

290 — Le St.-Jérôme du Corrège.

Cette planche fait partie de la *Galerie du Musée*, publiée par Henri Laurent.

NORMAND fils aîné, *rue des Noyers, n.* 96.

291 — Un cadre de gravures sur acier pour la

collection publiée sous le titre de *Musée anglais*.

292 — Frontispice de l'ouvrage sur *la Restauration des Thermes d'Antonin Caracalla à Rome*, publié par M. Blouet; et un plafond pour l'ouvrage de *Rome moderne*, publié par M. Letarouilly.

293 — Chapelle expiatoire de Louis XVI, rue d'Anjou, à Paris, exécutée sur les dessins et sous la direction de M. Fontaine, architecte du Roi. Ces gravures composent la 12ᵉ et dernière livraison des *Monumens funéraires des cimetières de Paris*, ouvrage publié par l'auteur.

OLLIVIER (Emile), *rue de Seine St.-Germain, n.* 53.

294 — Planches d'Architecture, dont deux font partie des *Antiquités inédites de l'Attique*.

RANSONNETTE, *rue du Figuier St.-Paul, n.* 8.

295 — Courageuse défense de Louis VII, dans les défilés de Laodicée, en Syrie, en 1449, d'après le tableau de M. Boisselier.

LITHOGRAPHIE, DESSIN.

AUBRY, *rue Neuve-des-Petits-Champs*, n. 8.

296 — Portrait de Mme ***, grand dessin à l'estompe.

AUBRY-LECOMTE, *rue des Fossés-St.-Victor*, *n.* 30.

297 — Le retour au village, lithographie, d'après le tableau de M. Destouches.

298 — Danaë, idem d'après le tableau de Girodet.

299 — Psyché et l'amour, id., d'après le tableau de Gérard, de la Galerie du Luxembourg.

300 — Pélerine, id. d'après le tableau de Bonnefond, de la Galerie du Palais-Royal.

301 — Laurent de Médicis, idem., d'après le tableau de M. Mauzaisse (id.)

302 — La Joconde, idem, d'après Léonard de Vinci.

303 — La belle Elisabeth, id. d'après Girodet.

304 — Louis-Philippe à l'Hôtel-de-Ville, idem, d'après une esquisse de Guillon Le Thieré.

306 — Portrait de femme dessiné d'après nature.

306 — Portrait de M. Lecomte, beau-père de l'auteur. (Dessin.)

CHAMPIN, *rue Neuve-St.-Roch*, *n.* 30.

307 — La fontaine de Vaucluse, *lithographie.*

308 — Le Mont-St.-Michel, *lithographie.*

309 — Un cadre renfermant des lithographies de l'ouvrage ayant pour titre : *Habitation des personnages les plus célèbres de France, depuis* 1790 *jusqu'à nos jours*, dessinées d'après nature par Regnier, et lithographiées par Champin.

C. FARCY, *quai des Grands-Augustins*, *n.* 55.

310 — Douze dessins composés et lithographiés pour l'ouvrage intitulé : *Résumé et application des principes élémentaires de la Perspective*, (troisième édition).

Dans ces dessins, l'auteur a rendu sensibles à l'œil de l'élève les opérations de perspective que le dessinateur et le peintre emploient, et qui restent sous-entendues pour le spectateur.

GAVARD, *rue Neuve-des-Petits-Champs*, *n.* 37.

311 — DIAGRAPHE, instrument de perspective, inventé par M. Gavard.

312 — Dessins produits par le *diagraphe* :
Escalier du Palais-Royal.
Eglise St.-Sulpice.

Palais-Royal.
Eglise Notre-Dame.
Esquisse du Pont-Neuf.

GELÉE, *rue Grange-aux-Belles*, *n*. 4.

313 — La Vénus aux colombes, dessin d'après Lambert Suster.

314 — Tête d'étude, dessin à la seppia.

JACOB, *rue du Pot-de-Fer-Saint-Sulpice*, *n*. 14.

315 — Portrait de famille, dessin.

316 — Portrait à la mine de plomb.

317 — Les amazones, lithographie.

318 — Un des *oeils-de-boeuf* de la cour du Louvre, d'après M. David, de l'Institut, lithographie.

319 — Anatomie, le nerf grand sympatique, lithographie.

320 — Marie Stuart, lithographie.

321 — Plusieurs femmes célèbres, *idem*.

LAITIÉ, *rue de Vaugirard*, *n*. 182.

32 — Christ au tombeau, dessin à la seppia.

Laurenty, *Faubourg du Temple*, *n*. 28.

323 — Des animaux, dessins à la plume.

LECERF, *rue Sainte-Croix-de-la-Bretonnerie*, *n*. 4.

324 — Plusieurs portraits dessinés au crayon de couleur.

325. — Un cadre contenant plusieurs paysages à mine de plomb.

LEROUX, *rue Saint-Victor*, *n.* 9.

326 — Trois portraits. Dessins.

MELLING (feu A).

327 — Cadre contenant 4 Vues du Midi de la France (seppia).

MONTAGNY, *rue Saint-Severin*, *n.* 10.

328 — Philémon et Baucis. Cette composition a été exécutée à Naples. Dessin.

329 — Narcisse se mirant à la fontaine. L'Amour, affligé de cette étrange passion, brise son arc et éteint son flambeau, dessin.

330 — Adonis et Vénus. Dessin.

331 — Casella embrassant son ami Dante (*Purgatoire, chant II*), dessin.

MULLER, *rue de Tournon*, *n.* 21.

332 — Etude d'Arbre, dessin.

333 — 4 Vues d'Alsace prises dans la chaîne des Vosges, dessin.

NOEL (A), *rue Saint-Hyacinthe-Saint-Michel*, *n.* 2.

334 — Habitations de la nouvelle Guinée, seppia.

335 — Ce dessin, d'après M. de SAINDON, fait

partie de la relation des ***Voyages de l'Astrolabe entrepris sous le commandement du capitaine de vaisseau M. J. Dumont d'Urville.***

335 bis. Un cadre, renfermant plusieurs dessins originaux peints d'après nature, et faisant partie de l'ouvrage publié par l'auteur sur *les papillons de France.*

PIERRON, *rue St.-Honoré, n.* 123.

336 — Un paysage peint à la *migmatine.*

337 — Un portrait de Napoléon, dessiné à la plume.

RANSONNETTE, *rue du Figuier-St.-Paul, n.* 8.

338 — Un cadre de paysages à la seppia.

TABARIÈS aîné, *rue Amelot, n.* 34, *boulevart Beaumarchais.*

339 — Des fruits, dessin à l'estompe, d'après une peinture de Desportes.

340 — Deux vaches au milieu d'un pâturage, d'après Paul-Poter. — Dessin à la mine de plomb.

341 — Imitation d'une gravure anglaise. — Dessin à la mine de plomb.

VANDER-BURCH, *rue St.-Jacques, n.* 161.

342 — Vue du pont de pierre à Grenoble (Dauphiné).

343 — Vue du pont d'Avignon (Provence).

344 — Vue du château de Tantalon (Écosse).

WEBER, *faubourg St.-Denis, n.* 178.

345 — Gustave Wasa, d'après M. Hersent, lithographie.

346 — Marie Stuart à Lochleven, d'après M. Destouches, *id.*

347 — Les Thermes de Julien, d'après M. Bouton, *id.*

348 — Deux portraits de femmes (miniatures), d'après M. Mansion, *id.*

ARCHITECTURE.

CALLIAT, *rue des Bernardins*, *n*. 32.

349 — Monument triomphal avec fontaine, en mémoire de la Régénération de la Liberté en France et de la Concorde entre les puissances de l'Europe.

Projeté sur la place des Invalides.

GOURLIER, *rue de l'Odéon*, *n*. 21.

350 — Un cadre contenant les planches ci-après de l'ouvrage publié par M. Gourlier, conjointement avec MM. Biet, Grillon et Tardieu, sous le titre de *Choix des édifices construits en France*.

1° Le plan du théâtre de l'Ambigu-Comique à Paris, par M. Hittorf, membre de la Société. Gravé par M. J. J. Olivier.

2° Les coupes du même théâtre.

3° Le plan de l'église de St.-Germain-en-Laye, par MM. Moutier et *Malpièce*, membre de la Société. Gravé par M. Emile Ollivier, membre de la Société.

4° Les plans de l'édifice thermal du Mont-d'Or, par M. Ledru, architecte. Gravés par M. Emile Ollivier.

5° Les plan, coupe et élévation du Marché aux Vaches grasses, à Paris, par M. Huvé, architecte, membre de la Société. Gravés par feu M. Thierry.

6° Les plan, coupe et élévation de l'église de Bercy, par M. Châtillon, architecte. Gravés par feu M. Thierry.

7° Les détails de l'église de Mâcon, par M. Gisors, architecte. Gravés par M. Normand, membre de la Société.

HITTORFF, *architecte, rue Coquenard, n. 40.*

351 — Cinq cadres sous le même numéro. 1, 2, 3, 4, 5. Plans, coupes et élévations du temple d'Empedocles à Selinunte, restitué avec les ornemens et les couleurs, dont les traces s'étaient conservées sur les restes de cet édifice, avec la peinture historique locale, et la sculpture polychrôme, dont l'emploi simultané présente le complément de l'architecture des Grecs, et aussi avec les *ex voto*, ouvrages précieux de l'art, dont la magnificence ajoutait à l'ornement de leurs temples.

N. 6. Fragmens d'architecture et de sculpture trouvés en Sicile, et qui offrent les exemples du marbre rehaussé par des ornemens peints, de la pierre peinte, de la pierre recouverte de stuc coloré et des terres cuites enrichies de tons variés.

N.7 . Fragmens d'architecture et de sculpture de la Grèce, de la Sicile et de la Grande-Grèce, qui offrent diverses parties de monumens en marbre et en pierre, avec l'indication des couleurs qui les couvraient, et une suite de débris remarquables de vases en terre cuite, ornés d'entablemens doriques. Les charmans ornemens de ces entablemens offrent le type de ceux des architraves et des frises de plusieurs édifices d'Athènes, de Malte et de Rome, qui portent l'empreinte de la tradition la plus complète de ces intéressans détails, qui paraissent antérieurs au siècle de Périclès.

Nota. Ces dessins font partie de l'ouvrage de M. Hittorff, sur l'Architecture polychrôme chez les Grecs.

PHILIPPON, *rue Saint-Lazare, n*. 24.

Trois dessins aquarelles, plan, coupe et vue pittoresque d'un amphithéâtre romain situé à Chenevière, entre Châtillon sur Loing et Montargis, dans la propriété de M. Filleul.

Cet emplacement s'appelait autrefois *Sévinière*, et se trouvait située entre *Aquæ Segestæ* et *Agendicum* : la voie romaine passait par cet endroit, tout près de l'amphithéâtre et de la rivière de Loing.

PIERRON, *rue Saint-Honoré, n*. 123.

53. — Projet d'une fontaine publique.

THIOLLET.

354 — Planches détachées d'un ouvrage sur la serrurerie et la fonte de fer.

355 — *Idem*, d'un ouvrage sur la menuiserie et la décoration intérieure.

(Ouvrages sous presse, à Paris, chez Bance, éditeur, rue Saint-Denis, n. 214.

M. H. TURENNE, *rue Saint-Denis, n.* 148.

356 — Projet d'un Hôtel-Dieu pour la ville de Paris, sur un terrain de 34,000 mètres de superficie.

FIN.

www.ingramcontent.com/pod-product-compliance
Ingram Content Group UK Ltd.
Pitfield, Milton Keynes, MK11 3LW, UK
UKHW022129170726
13837UKWH00003B/1451

9 782329 546407